Der Vampir und die Mumie

Ein Fantasiestück von
Hermann Meynert

Edition Dornbrunnen

Kleine Dornbrunnen Bibliothek

Der Text folgt der Ausgabe in
Corallenzweige. Erzählungen, Novellen und Phantasiestücke,
E. H. F. Hartmann, Leipzig 1833
An die aktuellen Rechtschreib- und Grammatikregeln behutsam angepasst

Korrekturen: Holly O'Rilley

Die Deutsche Nationalbibliothek verzeichnet diese Publikation in der Deutschen Nationalbibliografie; detaillierte bibliografische Daten sind im Internet über
http://dnb.d-nb.de
abrufbar.

2021

ISBN 978-3-943275-59-9

Sven-R. Schulz, Dornbrunner Straße 16, 12437 Berlin
www.edition-dornbrunnen.de
Titelgestaltung: Sven-R. Schulz

Druck und Vertrieb: Books on Demand GmbH, Norderstedt
PNKDB10

Inhalt

I

Es war ein glücklicher Zufall, welcher mich mit dem gelehrten Professor Montucci[1] bekannt und zu seinem Schüler machte; besonders da ich mich seiner Freundschaft schon erfreute, ehe seine berühmte chinesische Bibliothek, welche die größten Geister unserer Zeit, als Byron[2], Jean Paul[3], ingleichen[4] den seltsamen Hoffmann[5] und den witzigen Washington Irving[6] in sein Haus zog, den Ruhm genoss, im Vatikan öffentlich aufgestellt, und manchem frommen Ulfilas[7] zur Quelle des Wissens zu werden, der das Heil seines Glaubens auch Chinas gedrückten Köpfen gönnt.

Wer Montucci während seines Aufenthaltes in

---

1 Antonio Montucci (1769 bis 1829) war ein italienischer Sprachlehrer für die italienische und englische Sprache, Jurist, Sinologe und Orientalist mit Schwerpunkt auf die chinesische Sprache. Er stellte ein chinesisches Wörterbuch und eine Bibliothek chinesischer Literatur zusammen, die später von Papst Leo XII. angekauft wurde.

2 George Gordon Noel Byron, 6. Baron Byron, meist nur Lord Byron genannt, (1788 bis 1824) war ein britischer Dichter und Politiker. Er gilt als einer der wichtigsten Vertreter der englischen Romantik.

3 Eigentlich Johann Paul Friedrich Richter (1763 bis 1825) war ein deutscher Schriftsteller der Klassik und Romantik.

4 Alte Form von: desgleichen, ebenso

5 Ernst Theodor Amadeus (eigentl. Wilhelm) Hoffmann (1776 bis 1822) war ein deutscher Schriftsteller, Jurist, Komponist, Kapellmeister, Musikkritiker und Zeichner der Romantik.

6 Washington Irving (1783 bis 1859) war ein US-amerikanischer Schriftsteller und Biograf.

7 Ulfilas, got. Wulfila, (um 311 bis 383) war ein gotischer Theologe und Verfasser der gotischen Bibelübersetzung, dem Hauptdenkmal der gotischen Sprache, für die er aus dem Griechischen und dem Runenalphabet eine eigene Schrift schuf.

Berlin und später in Dresden gekannt hat, wird nicht leicht den kleinen runden Mann mit dem nur wenig gebleichten Haare, den zierlichen Füßchen und den schwarzen, feurigen, aber wohlwollenden Augen vergessen. Ich konnte ihn nur mit einer Mischung von Bewunderung und Liebe betrachten, wenn er so eifrig hin und wieder trippelte, um seinen reichen Bücherschatz zu zeigen.

Eines Tages erklärte er mir, mit seiner gewohnten Freundlichkeit, die Wurzeln der chinesischen Buchstaben und deren Entwicklung zu neuen Begriffen; vor uns lag *Kircheri China illustrata*[1] aufgeschlagen.

Da hörte ich im Vorsaale schlotternde Tritte, begleitet von einem hässlichen Husten.

»Lord Staunton«, meldete das Mädchen eintretend.

Zum ersten Male verließ den Professor das gutmütige Lächeln. Eine plötzliche Angst schien sich seiner zu bemeistern; er nahm die Bücher vom Tische und trug sie gedankenlos in den Kleiderschrank.

»Lord Staunton«, wiederholte das Mädchen.

»Avanti«, rief der Professor sich sammelnd und sah mich gleichsam bittend an, ihn in dieser Not nicht zu verlassen.

Die Türe öffnete sich und herein trat Lord Staunton, ein dürrer zitternder Greis, zwei Krücken hinter

[1] *Athanasii Kircheri e Soc. Jesu China monumentis, qua sacris qua profanis, nec non variis Naturae et artis spectaculis, aliarumque rerum memorabilium argumentis illustrata, auspiciis Leopoldi primi, Roman. Imper. Semper augusti Munificentissimi Mecaenatis* ist ein von Athanasius Kircher (1602 bis 1680) 1667 in Amsterdam veröffentlichtes Buch, welches das damals in Europa bekannte Wissen über China zusammentrug.

sich her schleifend. Trotz seiner ganz gebückten Stellung konnte man seine ansehnliche Länge erkennen; das Gesicht war fast ganz zugebaut von Tüchern, welche er gegen die Gicht um den Kopf gewunden hatte; nur die lange bleiche Nase und die katzenartigen gelben Augen waren sichtbar geblieben.

Es wäre überflüssig und schwierig, etwas von dem hierauf erfolgten Gespräche mitzuteilen; denn ohne Gruß setzte sich der Lord dem erschrockenen Professor gegenüber und begann nun sogleich schnatternd eine Abhandlung über chinesische Buchstaben und ägyptische Hieroglyphen, welche Unterhaltung er auch von Anfang bis zu Ende ohne die geringste Unterbrechung fortführte.

Ich sah wohl, dass Stauntons Besuch auf etwas anderes abgesehen sei und dass nur meine Gegenwart ihn daran verhindere; denn seine Augen blitzten zuweilen seitwärts nach mir hin. Plötzlich stand er wieder ohne Gruß auf und rannte mit den Krücken so schnell nach der Türe, dass ich entsetzt auf die Seite prallte. Er bemerkte es, drehte den Kopf so nahe nach mir hin, dass ich seine spitze Nase auf der meinigen fühlte, und starrte mir mit den gelben Augen, wie der Alb, ins Gesicht.

»Wir werden noch bekannt miteinander werden«, schnatterte er und seine gelben Augen blickten bei diesen Worten nur noch boshafter.

Lange schon war er fort und ich sah noch immer wie träumend nach der Türe hin, durch welche er verschwunden war, als mich die Stimme des Professors weckte, welcher bald laut jammernd, bald heftig scheltend, in der Stube auf und ab lief.

»Die Türen verschlossen!«, rief er und ich lief ins Vorhaus, um, wie in Kriegszeiten, alle Eingänge zu schließen; während er selbst, beide Rapiere seines Sohnes in den kleinen Händen, mir bei dieser Beschäftigung den Rücken deckte.

Ich hatte alle Türen verrammelt, ohne zu wissen, warum? Auch sah ich, dass ich vor der Hand keine Aufklärung von dem Professor erwarten durfte; deshalb ließ ich ihn eine geraume Zeit in seinem Zimmer allein.

Als ich nach einer Weile zu ihm hineintrat, war er einigermaßen wieder beruhigt und beschäftigte sich eben, lange schmale Papierstreifen, auf welche ägyptische Hieroglyphen gemalt waren, in winzig kleine Stücke zu zerschneiden und dann in den Ofen zu werfen.

Ich wusste, wie viel er auf diese Sachen hielt; drum gab ich ihm meine Verwunderung zu erkennen, dass er diese Merkwürdigkeiten jetzt so plötzlich vernichte.

»Hinweg mit diesem Teufelsköder!«, rief er heftig, indem er den letzten Streifen der Flamme übergab. »Wissen Sie auch, dass dieses Gespenst, dieser sogenannte Lord Staunton, mir um dieser Hieroglyphen willen, nächstens den Hals brechen wird!«

Seine Worte waren mir Rätsel; drum sah ich ihn erstaunt an.

»Ich bitte, erklären Sie mir, wer ist dieser vermeintliche Lord Staunton?«, fragte ich dringend.

»Wer er ist?«, lächelte der Professor bitter. »O was weiß ich! – Sprechen Sie: Kobold, Teufel, Toter, Lebender, – und er ist alles zusammen. Ein Monstrum von Bosheit und Gelehrsamkeit; eine verdammte Pechblase, die aus dem Pfuhle der Hölle aussiedet und sich verkörpert. Unter uns gesagt«, fuhr er geheimnisvoll fort, »ich weiß so gewiss als ich lebe, er ist derselbe, der als dunkles Verhängnis in Byrons Leben trat und in diesem göttlichen Geiste so sündliche Gesänge erweckte. Das Leben dieses Dichters verfiel seiner Macht; ein finsteres Geheimnis schwebt darüber, welches ich kenne aber heilig bewahren werde. Nur so viel sage ich Ihnen: Dieser Lord Staunton ist dasselbe unheimliche tödliche Wesen, welches uns Byron im *Vampir*[1] geschildert hat, obgleich er sich später von dieser Erzählung gänzlich lossagen wollte. Lord Staunton ist ein längst verstorbener ägyptischer Priester, eingeweiht in die tiefsten Mysterien der Isis. Sein Blut floss damals, wie verlauten will, unter dem Dolche eines Weibes, mit welchem er verbotenen Umgang hatte; jetzt durchzieht er unter der Larve eines Altertumsforschers die Welt. Um sein gespenstisches Dasein zu fristen mordet er, wie der Tod, unter allen Gestalten, – er ist ein Vampir.«

---

[1] Gemeint ist die eigentlich von John William Polidori (1795 bis 1821) geschriebene und 1819 veröffentlichte Erzählung *The Vampyre*, die, trotz besseren Wissens des Verlegers, unter Byrons Namen veröffentlicht und so in zahlreiche Sprachen übersetzt worden ist. Die Hauptfigur der Geschichte ist der charismatische Vampir Lord Ruthven.

Ich starrte entsetzt den Professor an, denn ich erinnerte mich der Worte, welche der Lord zu mir gesagt hatte.

»Ich weiß«, fuhr der Professor fort, »dass er nur meiner Hieroglyphen wegen hierherkam. Jene Mysterien, welche er vor länger als einem Jahrtausend in Ägyptens Tempeln selbst übte, will er geizig allein bewahren und er gönnte mir selbst jene nun verbrannten Bilderbuchstaben nicht, obgleich mir ihre Bedeutung fast gänzlich unbekannt war. Ja, ich weiß von sicherer Hand, dass die berühmten französischen Hieroglyphenforscher, Gebrüder Champollion[1], ihm – als einem Vampir – eine Unze ihres besten Blutes angeboten haben, wenn er ihnen dafür einige Aufklärung in Hinsicht ägyptischer Geheimnisse geben wollte. Aber er scheint sich nicht viel aus französischem Geblüte zu machen.«

Mehr konnte ich von dem Professor nicht erfahren, welcher, wie vielen bekannt sein wird, bald darauf in sein südliches Vaterland, und zwar in seinen Geburtsort Siena, zurückkehrte, wo er am 25. März 1829, im achtundsechszigsten Jahre seines einfach tätigen Lebens, die wachsamen Augen schloss und in der Kirche zu St. Abundio seine lange Ruhestätte fand[2].

So würde also jene seltsame Erscheinung des Lord

---

[1] Jacques-Joseph Champollion (1778 bis 1867) war ein französischer Archäologe und Bibliothekar und Jean-François Champollion (1790 bis 1832) war ein französischer Sprachwissenschaftler, der die Hieroglyphen auf dem Stein von Rosette entzifferte.

[2] Eine kurze Biografie Montuccis befindet sich im *Kometen* von 1830. *(Anm. d. Autors)*

Staunton spurlos an mir vorübergegangen sein, wenn es nicht der Schluss des Schicksals gewesen wäre, mich mit diesem unheimlichen Wesen in nähere Beziehung zu bringen und in jene fast unglaublichen Begebenheiten blicken zu lassen, welche ich dem geehrten Leser hierdurch mitzuteilen gedenke.

II

Majestätisch durchrauschte die Musik den hohen erleuchteten Saal; die Masken irrten im bunten Gedränge und in seltsamen Gruppen und Charakteren durcheinander. Der neckende Zufall hatte auch hier seine Tücke durch sonderbare Widersprüche beurkundet, welche in Bewegungen, Kleidern und Mienen hervortraten.

Müde vom langen Rasen lag dort ein Bajazzo[1], kecken Lebensmut in den gemalten Zügen, mit abgespannten Gliedern über einige Stuhle gestreckt und hier tändelte ein Malteserritter mit einer Vestalin[2] von frechen Gebärden, bis ein kleiner verkrüppelter Türke, welcher dem Minnespiele schon lange mit sichtbarem Verdrusse zugesehen hatte, um Mut zu gewinnen ein mächtiges Glas Wein hinunterstürzte, den Malteserritter, als den natürlichen Feind seines

[1] Der Possenreißer und gemeine Lustigmacher bei herumziehenden Seiltänzern, Kunstreitern, Marktschreiern und anderen Gauklern.

[2] Römische Priesterin der Göttin Vesta.

Glaubens, auf die Seite schob und die erschreckte Rhea Sylvia[1] scheltend mit sich fortzog.

Der Menschen törichtes, zweckloses Irren und Treiben, vom Alltagsleben zum berufsmäßigen Ernste gestempelt, hatte sich hier in eine harmlose Posse verkleidet und der Geist der Zeit spiegelte sich in diesen Fratzen, ohne sich in ihnen erkennen zu wollen.

So sah ich mit einem Gemisch von Schmerz und Laune diesem Gewirre zu, welcher, hell überleuchtet, in meiner Nähe sich am lebendigsten heraushob, nachdem unteren Ende des Saales hin aber vor meinen Blicken zu einer gedrängten, zitternden Farbendämmerung verschwamm. Entweder würden meine Bemerkungen reichhaltiger ausgefallen, oder ich würde des ganzen Treibens schneller überdrüssig geworden sein, wenn nicht meine Blicke etwas anderes gesucht hätten.

Eben teilte sich die Menge, um einem Triumphwagen Platz zu machen, welchem ein bunter Aufzug aller Nationen und Stände voran zog. Auf dem Wagen stand ein Greis mit Sanduhr und Sense, um, wie es schien, Petrarcas[2] *Trionfo del Tempo*[3] zu versinnlichen. Ich wollte in ein Nebenzimmer treten, als ein

[1] Tochter des albanischen Königs Numitor, der 800 Jahre vor unsrer Zeitrechnung in Italien lebte. Sie war eine vestalische Priesterin und Mutter des Romulus und Remus, jener berühmten Stifter des Römischen Staats, die sie, wie die Fabel sagt, mit dem Mars gezeugt haben soll.

[2] Francesco Petrarca (1304 bis 1374) war ein italienischer Dichter und Geschichtsschreiber.

[3] Triumph der Zeit, Teil eines Gedichtzyklus' von Petrarca.

Harlekin[1] mit seltsamen Sprüngen, welche fast zu unnatürlich und gewaltsam für menschliche Glieder erschienen, mir entgegenkam. Seine Jacke war aus allerhand bunten Flecken, deren jedoch keiner in der Farbe vollkommen dem andern glich, zusammengesetzt; in der Hand trug er eine schwarz- und weißfarbene Pritsche[2] und um den linken Arm einen gewaltigen Trauerflor.

Unmutig warf ich mich in ein Sofa.

Der Harlekin[3] nahte sich mir.

»Nun gib etwas zum Besten, du leidtragendes Puppentheater«, rief ich ihm zu. »Aber lass etwas Gescheites hören. Sprich, Bursche, was soll der Trauerflor bedeuten?« –

»Der Trauerflor«, gurgelte der Bunte, indem er die Beine klappernd zusammenschlug, »soll euch Herren in Zweifel lassen, ob meine Narrheit trauert oder ob meine Trauer narrt.«

Ich sah ihn verwundert an.

»Sieh, Narr«, sagte ich, »du scheinst eine inhaltschwere Schellenkappe zu sein, aber verdammt langweilig bist du. Man sollte dich einmal, wie Münchhausen den Fuchs, um und um kehren, damit dein Narrenstaat hinein und deine Weisheit herauskäme; dann würdest du unserer Welt besser anpassen. Auf Wiedersehen!«

---

[1] Eine komische Maske des italienischen Lustspiels.
[2] Schlag- und Klapperwerkzeug des Hanswurstes der Bühne und der Karnevalsnarren.
[3] Im Original an dieser Stelle: Arlekin

Ich stand auf, um von Neuem den Saal zu durchwandeln.

»Herr«, rief der Narr aus, »lernt mich besser kennen. Langweilig soll ich sein? Ich schwöre Euch, wüsstet Ihr, wer ich bin; Ihr würdet gestehen, dass ich das einzige Neue auf der Welt sei, ohne mich würde die Natur in ihrer ununterbrochenen Tagelöhnerarbeit einschlafen und in der schwerfälligen Drehmaschine, die Ihr Welt nennt, würde sich selbst ein Siebenschläfer langweilen. Der liebe Gott müsste in seinem langen Exempel irre werden, striche ich nicht zuweilen einige Nullen daran aus; und Welt und Zeit würden ihm zu Kopfe wachsen, ließe ich nicht beide oft zur Ader.«

»So bist Du wohl der Teufel selbst«, rief ich und fuhr ihm hastig nach dem Gesichte. Die Maske des Harlekins fiel und unter ihr grinste ein Totenkopf mich an. Er selbst entsprang mit einem gellenden Gelächter.

Noch zweifelte ich, ob das eben Geschehene Täuschung oder Wahrheit gewesen sei, als etwas an mir vorbeischlüpfte. Es war eine Armenierin von schlanken Gliedern; reiche blonde Locken umzitterten den weißen Nacken. Wer konnte es anders sein als die Gesuchte!

Ich machte mir Platz und nahte ihr.

»Amalie?!«, flüsterte ich ihr schüchtern ins Ohr.

Sie weilte, sah mir einen Augenblick fragend ins Gesicht und hing sich dann sogleich vertraulich an meinen Arm.

»Gut, dass ich Sie finde«, sprach die schöne Maske mit einer wohlklingenden mir jedoch unbekannten Stimme. »Ich habe Sie schon lange gesucht, Eduard.«

Dieser Name überraschte mich, und auch die fremde Stimme konnte mich überzeugen, dass wir in einer beiderseitigen Verwechselung befangen waren.

»Ich muss bitten, sich nicht in mir zu irren«, sagte ich. »Der Name Eduard ist keineswegs der meinige.«

»O ewig diesen kalten, rätselhaften Ton!«, entgegnete die Armenierin traurig. »Aber ich verstehe Sie; es wird gut sein, wenn ich Sie hier nicht mit Ihrem wahren Namen rufe, da wir Ursache haben, vorsichtig zu sein. Nur legen Sie dieses unfreundliche, harte Wesen wenigstens für diesen Abend ab.«

Ihre Stimme klang so hold, so bittend und dabei drückte sie meine Hand so innig, dass ich mich schnell eines bessern besann und den Entschluss fasste, der Aufklärung dieses Verwechselns nicht vorzugreifen.

Ich ergriff also wieder ihren Arm, welchen ich schon losgelassen hatte.

»Wissen Sie auch«, flüsterte sie mir ins Ohr, »jener Entsetzliche ist hier.«

Mir schwebte eine Frage auf der Zunge, doch konnte ich leicht voraussehen, dass dies die ganze Täuschung zerstören würde; darum antwortete ich ihr mit so undeutlicher Stimme, als ich nur auf Rechnung meiner ganzen Gesichtslarve wagen durfte.

»Und fürchten Sie jenen Entsetzlichen, wenn ich Ihnen zur Seite bin?«, fragte ich.

»Ach! Sie wissen ja am besten«, erwiderte sie leise, »was ich und Sie dabei zu fürchten haben und wie wenig sich jenem Furchtbaren widerstehen lässt. Nicht, dass er wohl gar mein Leben bedrohen mag; aber, dass er durch dunkele Künste Ihr Herz und Ihre Gefühle an ein entsetzliches Etwas kettet, damit Sie, blühend und geliebt, dennoch einem grauenvollen gespenstischen Spiele verfallen, das ist der Fluch welcher diesen Dämon begleitet, – und weh' mir, wenn meine Ahnung wahr spricht, dass wir beide die Opfer dieses verderblichen Gewebes werden!«

Ich blickte bebend auf das holde, fürchtende Wesen; aber mein Wille, mich nicht zu erkennen zu geben, ward verstärkt durch die Gewissheit, dass ich nur auf diese Weise das Recht gewinnen könne, sie schützen zu dürfen.

Wir suchten die Türe zu erreichen, aber unsere Schritte wurden bald von einem dichten Knäuel drängender Masken aufgehalten. Die Besorgnis für meine schöne Begleiterin gab mir jedoch Kraft; ich drängte mich mit ihr in die Mitte der Menschenmasse, um, ehe ich es ahnen konnte, Zeuge eines wunderlichen Schauspiels zu werden.

Lord Staunton, wie ein Hierophant[1] gekleidet, stand vor einem sonderbar geformten Kasten. Seine Züge zweifelten zwischen dem Ausdrucke heimtücki-

[1] »Enthüller der Heiligtümer«, der Oberpriester der Demeter bei den Eleusinischen Mysterien. Im Tarot ist er ein Symbol des göttlichen Willens und von dessen Deutung auf Erden.

schen Blutdurstes und wahnsinniger Wut. Die gelben Augen blitzten ängstlicher und er hieb wild die Blicke umher.

»Das ist er«, flüsterte meine Begleiterin, welche sich kaum erhalten konnte.

»Nun, ihr Fratzen!«, rief Staunton. »Wer von euch hat den Mut, sich der Vernichtung antrauen zu lassen und sein Herz und Wesen dem Schatten einer längst hingeschwundenen Zeit hinzugeben?«

Er lachte grimmig zu diesen Worten; der vor ihm stehende Kasten schlug sich polternd auf und eine Mumie starrte mit lang erloschenen Augen ernst und träumend in die bunten Gruppen, welche entsetzt die wesenlose Erscheinung umstanden.

In diesem Augenblicke stürzte ein Minnesänger herbei.

»Ich bin ihr angetraut!«, rief er. »Ich habe mich losgerissen aus der Gegenwart und gehöre, wie diese Tote, einer dunklen Vergangenheit an. Reiß mein Wesen aus seinen Gesetzen; meine Seele lebt in dieser Leiche!«

Der Hierophant lachte schmetternd auf.

»Du bist mir verfallen«, murmelte er, »und den Brauttrank braue ich dir aus der Fäulnis der Grüfte.«

Hierauf warf er über sich und die Mumie eine große schwarze Decke.

Der Minnesänger stürzte leblos zu Boden; im Fallen streifte sich seine Maske ab und ließ ein jugendliches todbleiches Gesicht sehen.

»Eduard!«, rief meine Begleiterin mit scheidendem Tone und warf sich auf den Leblosen.

Jetzt ward der Tumult allgemeiner. Die Flügeltüren wurden schallend aufgerissen, Wachen drangen mit Gewehren in den Saal und mehrere Polizeidiener – an ihrer Spitze der Präsident selbst – kamen eben zu rechter Zeit, als alles – vorbei war. Die schwarze Decke, welche der Hierophant über sich und die Mumie geworfen hatte, lag platt auf dem Boden; er selbst war mit seiner toten Begleiterin spurlos verschwunden.

Der Präsident, höchlich erzürnt, setzte einen Schwur darauf, den ägyptischen Hierophanten, wo man ihn auch treffen möge, auf den Schub nach Ägypten zurückbringen zu lassen und die Mumie zum Besten des Findelhauses, welches unter seiner dermaligen Leitung stand, zu verauktionieren. Zugleich sagte er den Kehraus des heutigen Festes an.

Der Minnesänger und meine Armenierin wurden in ein Nebenzimmer geschafft, dessen Türe man verschloss und mit doppelter Wache besetzte.

Mit Eindrücken, welche eben so verschieden als die Gemüter selbst waren, verließen die Masken – einige entsetzt, andere verblüfft, die Mehrzahl neugierig – den Saal und ich hatte abermals den Faden zur Entwicklung dieses Geheimnisses verloren. Doch sollte ich denselben bald wiederfinden.

III

»So nimm mich auf mir meinen Schmerzen, geheimnisvollste Werkstatt der schaffenden und auflösenden Natur. Der heisere Klang deiner Riegel übertönt den prahlenden Ruf der Welt; den dunklen Zweifel deines Schoßes hat der Frühling mit seinen frischen Sprösslingen überwuchert. Wehe aus dem Frieden der Grüfte die Blumen der verlorenen Kindheit in mein Herz zurück, ziehe aus Fäulnis und Verwesung die himmlischen Keime der Erinnerung und bilde aus Moderdüften die Lichtgestalten gestorbener Liebe! – Also hier in diesem engen Asyle soll die weite Brust ihre Ahnungen verwirklicht sehen; den Gräbern soll unser Glaube seine schönsten Blumen anvertrauen; ach! das Wort ›Leben‹ ist nur auf die Stirn eines Leichnams geschrieben. Hier, wo die Natur ärmlich ihre Hinfälligkeit bloß trägt, sollen wir das Ewige, Dauernde suchen?!«

Mit diesen Gedanken, halblaut ausgesprochen, betrat ich den Kirchhof, über dessen Eingange mir ernst die Worte entgegenleuchteten:

»Nur ein Grab, um drin zu altern,
ist des Säuglings schmale Wiege:
Und die Gräber sind nur Wiegen
zur Verjüngung und zum Siege!«

Eben höhlte der Totengräber ein frisches Grab. Ein heiserer Husten unterbrach ihn oft in seiner langweiligen Arbeit, und aus dem todbleichen Gesichte blickten die tiefen, matten Augen gleichgültig in die geheimnisvolle Pforte, welche er mit dem Spaten öffnete, ohne zu wissen, wohin er den Weg bahne.

»Narr«, dachte ich, »tritt dem Dinge nicht so nahe; dein moderbleiches Gesicht sagt, dass du nicht lange mehr Türsteher zu diesem geräumigen Gasthofe des Todes bleibst, dass dich die schweigende Gesellschaft vielmehr bald zu ihrer unbelauschten Unterhaltung lassen wird.«

In diesem Augenblicke bemerkte mich der Grabende. Er rückte das schmutzige Käppchen auf dem nackten Scheitel und grüßte mich.

»Eine langweilige Arbeit«, begann ich. »Ihr Herren Totengräber seid so mürrische Leute, wie Euer Gevatter Charon[1]. Wer eurem Geschäfte lange zusieht, muss gestehen, dass die Natur selbst in ihren Schrecknissen langweilig ist, wie euer Spaten, der jahraus, jahrein mit dem selbigen eintönigen Gepolter die Ruderschläge in diesen sandigen Styx tut.«

Der Alte hatte offenbar nichts von meiner Rede verstanden. Er sah mich einen Augenblick glotzend an, dann schaufelte er fort.

»Wahrhaftig«, fuhr ich fort, indem ich den Kirch-

---

[1] Sohn des Erebos und der Nyx, der Fährmann der Unterwelt, der die Verstorbenen über den Acheron setzte, wofür ihm ein Obolus, den man den Toten in den Mund gab, zu entrichten war.

hof übersah, »eure knochigen Fäuste haben schon einer ganzen Generation den Weg ins Blaue gewiesen; der zerlöcherte und zergrabene Boden ist wie ein gewaltiges Sieb, durch welches die Natur ihre Exkremente ausbeutelt. – Sagt, ihr seltsamen Gastbitter, denkt ihr denn nie daran, dass euer Herr Nachfolger einst sein Probestück an eurem Kadaver zu machen gedenkt?«

»Wahrhaftig!«, lachte der dürre Kerl. »Ich will ein Schurke sein, wenn ich beim Graben auch nur ein einziges Mal an Gräber gedacht habe, hier, wo man den Tod in seinem eigenen Reiche gleichsam vor seinem Hofstaate nicht bemerkt. Wollt Ihr, dass ich Sterbegedanken bekommen soll, so führt mich nur auf Eure üppigsten Bälle; und soll ich an Sarg und Grab denken, so führt mich an Wiegen und Brautbetten.«

»O ewiges Gewohnheitstier!«, dachte ich.

»Ich schüttle«, fuhr der Totengräber fort, »die faulen Früchte vom Baume des Lebens. Welcher Narr könnte sich bei dergleichen Kleinigkeiten etwas Gescheites denken!«

»Aber«, fragte ich, »du schauriger Naturphilosoph, kannst du mit deinem Sande nicht auch ein Herz decken, welches nur noch zu leben scheint, weil es noch zuckt?«

Er starrte mich seltsam an und grub weiter.

»Scherzt nicht, Herr!«, meinte er dann. »Ich habe erst gestern einen solchen Fall erlebt. Die Welt kannte Wunder in ihrer Entstehung; jetzt scheint sich ihre sechstausendjährige Spindel abgenutzt zu haben – ihr Getriebe geht zu Ende, drum wird sie in ihrem Alter noch einmal kindisch und gebiert aus dem kranken Schoße unheimliche Abgeschmacktheiten.«

»Erzählt, erzählt!«, rief ich erstaunt.

»Wenn Ihr einen Sinn darin findet«, erwiderte er, »so nenn ich euch einen Meister, an dessen Leichnam sich alle Würmer zu Doktoren fressen werden. Hört an. – Ich verzehrte gestern Abend an jener Gruft dort an der Mauer, wo das Gitter offensteht, eben mein Vesperbrot[1], als ein seltsam gekleideter Greis auf mich zutrat. Sein schwindsüchtiges Ansehen gab ihm allerdings eine ziemlich vornehme Miene, darum ging ich gemeiner Mann ihm höflich aus dem Wege und der alte spitznäsige Herr schritt nach der Gruft hin. Ich arbeitete fort, da vernahm ich plötzlich ein dumpfes Stöhnen in der Gruft; der Alte rang mit dem Tode. Hätt ich doch lieber den Kindermord zu Bethlehem mit ansehen mögen, als den Todeskampf dieses Menschen! – Die gelben Augen drängten sich aus ihren Höhlen, die dürren Glieder prasselten in furchtbarer Verzerrung, und dabei stöhnte er seinen krassen Todesschmerz in fremden, nie gehörten Tönen, vor denen ich zurückbebte. Endlich hatte er es überstanden, und kaum schien ihn der Lebensatem verlassen zu haben, so zerfiel sein Leib, zu meinem Schrecken, auch schon ganz und gar; ja, die Verwesung schien schon

[1] Umgangssprachlich für Nachmittagsmahlzeit.

manches Jahrhundert an diesen Gliedern genagt zu haben, zu solch einem kleinen Häufchen Asche waren sie zermalmt.«

Ich starrte den Erzähler erschrocken an. Er grub ruhig weiter, ich aber ging nach der bezeichneten Gruft und lehnte mich in dumpfem Nachsinnen an das eiserne Gitter.

Wer konnte der seltsame Greis, dessen unnatürliches Sterben ich so eben vom Totengräber vernommen hatte, anders sein, als jener dämonische Hierophant!

Es war klar, ich war hineingerissen in das Werk einer grauenvollen Verknüpfung; die geheimnisvolle Natur hatte mir ihre Nachtseite entschleiert, aber die Weihe schien mir tödlich.

In diesem Hinstarren mochte ich unwissentlich einige Male den Namen ›Staunton‹ ausgerufen haben; plötzlich hörte ich unten in der Gruft ein Gepolter und in dem nämlichen Augenblicke tauchte Staunton, in übermenschlicher Größe, bis zur Hälfte des Leibes aus der schwarzen Öffnung.

»Verhasster Wurm«, schrie er, »der sich mit herumwühlt in dem großen Leichnam der Welt; soll dein unseliges Gesicht mich auch hier verfolgen? – Soll ich deine verhunzten Glieder in den faulen Rachen der Verwesung werfen, welche schon ein Jahrtausend vergebens mit mir ringt? – Wehe dir! Mein Wesen ist versteint, und meine Seele ist ein Moderduft!«

Er schwang sich aus der Gruft und schien mich verfolgen zu wollen. Aber die Angst verlieh mir Schwingen; ich floh dem entsetzlichen Ort und erreichte bebend die Stadt.

IV

Man kann sich leicht vorstellen, dass ich nach einem solchen Zusammentreffen die Lust zu allen ferneren Abenteuern verloren hatte und je eher je lieber meine Wohnung zu erreichen suchte. Die Erwägung des seltsamen Vorfalles ließ mich wenig bemerken, dass aus der entgegengesetzten Seite der Gasse eine männliche, in einen Mantel gehüllte Gestalt, welche mir schon mehrere Straßen weit gefolgt war, gleichen Schritt mit mir hielt und zuweilen mit spähender Vorsicht um sich blickte, ohne mich dabei einen Augenblick aus dem Gesicht zu verlieren.

Eben hatte ich mein Haus erreicht und wollte eintreten, als der Verhüllte hastig auf mich zuschritt und mich unsanft auf die Schulter schlug.

»Ein Wort mit Euch«, sagte er mit einer zitternden Stimme, und sein ganzes Wesen drückte eine wilde Leidenschaftlichkeit aus.

»Ein Wort mit mir«, erwiderte ich kalt, »ist freilich nirgend besser angewendet, als hier. Belieben Sie, mir auf mein Zimmer zu folgen.«

Ich fasste bei diesen Worten den Fremden ins Auge. Sein Gesicht schien mir bekannt, doch konnte ich mich des Ortes nicht entsinnen, wo ich es früher schon gesehen haben musste.

»In Ihre Wohnung?«, fragte dieser, indem er mich beim Arm ergriff. »Mitnichten, mein Herr! – Ich muss vielmehr bitten, sich mit mir auf kurze Zeit vor die Stadt zu bemühen.«

Meine angeborene Abenteuersucht hatte mich den nur erst erfahrenen Schrecken wieder vergessen lassen. Ich bewilligte das Gesuch des Fremden und so schritten wir schweigend nebeneinander her, bis wir einen von der Stadt ziemlich entlegenen Platz erreicht hatten, wo mein Begleiter stehen blieb.

»Hoffen Sie keine Aufklärung von mir«, nahm er das Wort. »Ich bin nicht da, um mit Ihnen zu unterhandeln oder mit mir unterhandeln zu lassen. Belieben Sie gefälligst zu wählen!«

Er reichte mir bei diesen Worten zwei Pistolen dar.

Der Scherz schien mir hier etwas zu weit getrieben, doch wollte ich, solange es anginge, zum bösen Spiele gute Miene machen und daher die Einladung einstweilen noch als Scherz aufnehmen.

»Es waltet hier wohl ein kleiner Irrtum«, lächelte ich, »da ich in Ihnen, wie in mir, weder Jäger noch Wild sehe. Sollten Sie jedoch wirklich eine so ernstliche Feuerprobe mit mir beabsichtigen, so muss ich Ihnen melden, dass ich völlig kugelfest bin.«

»Gut für Sie!«, entgegnete jener finster. »Ich bin es nicht. Schießen Sie denn in des Teufels Namen auf mich los; ich werde Ihnen dankbar sein, wenn Sie auf den richtigen Fleck treffen.«

Ohne ihm ein Wort zu erwidern, feuerte ich die eine der dargebotenen Pistolen[1] hinter mich in die freie Luft, zog den Hut und wollte mich entfernen.

»Ihr verachtet mich?«, schrie der Fremde grimmig und hielt mich beim Arme zurück.

»Nicht das«, erwiderte ich, »aber Euch scheint jetzt eine Nacht Schlaf gesunder zu sein, als eine Kugel vor den Kopf. Erzähle mir später bei kaltem Blute, was ich zu verantworten haben soll und Ihr werdet mich zu jeder vernünftigen Genugtuung bereit finden.«

»Ihr habt Euch«, sagte er etwas beruhigter, »durch Verstellung in Geheimnisse eingedrängt, welche Euch nichts nützen und mich ohnedies zu rechter Zeit verderben müssen. Gedenkt der Armenierin vom Maskenballe, gedenkt jenes entsetzlichen Hierophanten! – Ob ich übrigens das Recht habe, Euch darüber zur Rede zu stellen, wird Euch einleuchten, wenn Ihr erfahrt, dass ich jener Minnesänger bin, den das Schicksal, auch bei der erwähnten Mummerei, mit dem Hierophanten und mit der Armenierin, die Ihr täuschtet, in verderbliche Beziehung brachte.«

»Ich täuschte mich damals in der Dame und sie sich in mir.«

»Und als Sie sich überzeugten, dass sie Ihnen nichts anging?«

[1] Im Original: … das eine der dargebotenen Pistolen …

»Wollte ich das Recht gewinnen, sie gegen jenes seltsame Gespenst des Hierophanten zu schützen, von welchem mir ihre Furcht genug verraten hatte. – Ich glaube kaum, einer Entschuldigung zu bedürfen, da der ganze Zweck eines solchen Festes eine harmlose Täuschung ist. Auch habe ich durch diesen Scherz die Ehre gehabt, mit jener gespenstischen Erscheinung in eine nähere Bekanntschaft zu treten, um welche ich keineswegs zu beneiden bin.«

Der Fremde, den ich jetzt Eduard nennen darf, unter welchem Namen wir schon auf dem Maskenballe seine flüchtige Bekanntschaft machten, sah sinnend vor sich nieder. Dann schoss er plötzlich seine Pistole in die Luft ab[1] und bot mir die Hand.

»Ich sehe schon«, sprach er mit dumpfer Stimme »dass dieser Grund nicht ausreicht, mich von einem Leben zu befreien, unter dessen Drucke meine Kraft erliegt. Doch müssen Sie mich wissen lassen, inwiefern Sie die Bekanntschaft jenes rätselhaften Dämons machten. Mag mein Vertrauen dem Ihrigen vorangehen und meine aufrichtige Erzählung zugleich die Gründe darlegen, welche auch Ihre Aufrichtigkeit bedingen.«

Er setzte sich auf eine nahe Bank, winkte mich an seine Seite und begann hierauf folgende Mitteilung:

»Das dunkle Geschick, welches mir folgt, führte mich sogar schon zur Welt. Das Verbrechen meiner

[1] Im Original: … sein Pistol in die Luft …

Mutter gab mir das Leben, und der Dämon ihrer Schuld blickte sie aus meinen Kindeszügen an. – Sie starb, noch ehe meine Zunge ihr vorwerfen konnte, dass sie mich geboren. Mein Vater wusste sich klug darüber zu trösten; er legte eine Summe Geldes für meine Erziehung nieder und fand den Tod unter den Fahnen jenes fränkischen Dschingis Khan[1], der auf einsamem Eilande den Purpurmantel mit dem Sklavenkleide vertauschte. So wuchs ich auf; einsam, nur auf mein trauriges Selbst verwiesen. Keine freundliche Erinnerung konnte die Geister der nie gekannten Eltern beschwören; der Rückblick auf meine Herkunft suchte umsonst die süßen Träume der Kindesliebe und Kindeslust und das heilige Andenken der Erzeuger konnte für mich nur ein Schreckbild sein. – Ich wählte die Kunst. Mein Talent überstieg die kühnsten Erwartungen meiner Lehrer; ich selbst konnte mir nie genügen, es war mir vielmehr stets, als sei nur ich von der Weihe ausgeschlossen. Meine finstere Einbildung suchte ein Etwas, wofür der Pinsel vergebens Licht und Schatten vermählt. – Ich glaubte, die Geheimnisse der Schöpfung ergründen zu müssen; drum ließ ich mich aufnehmen in den verschwiegenen Bund der Freimaurer. Durch seine Weihe meinte ich Anfang und Ende der ewigen Kette zu finden, welche die Wesen in ihrem magischen Ringe eint; ich hoffte, geistig mit aufzugehen in dem großen Osten,

[1] Gemeint ist Napoleon I.

welchem die Ahnungen der Maurer entgegensehen. Aber das Licht ihres Orients war für mich ein bleicher Schatten; ihre Geheimnisse hatte ich längst überflügelt und sie für Träume erkannt – und Träume genügten mir düsterem Träumer nicht mehr. Da brach ein Sonnenblick in meine Nacht – die Liebe.

In Amaliens einfacher Klarheit sollte ich das erkennen, was meine Fantasie in stolzer nebelvoller Höhe gesucht hatte. Aber Amaliens heitere, ungetrübte Seele bebte zurück vor meinem wilden, zerrissenen Innern, das, herumgeworfen auf dunklem Meere, sich an dieser lichten Blume festzuhalten gedachte; drum blieb ich ungeliebt. Da fasste mich der Sturm gewaltsamer als je. Die grausame Tyrannenlaune eines Wesens, dessen Recht in seiner Allmacht nur bestand, schien mich in die Welt gewürfelt zu haben; Geburt und Leben waren mir ein unfreiwilliger Fluch, der mich aus dem Nichts aufgeschreckt hatte, wie eine Verwünschung Geister nicht in ihrem schweren Todestraume ruhen lässt. So fand mich jener rätselhafte Hierophant. Sein geheimnisvolles Wesen, das er nur mir zuweilen zu enthüllen schien, zog mich an. Einst musste ich ihm in ein entlegenes Haus folgen; er zeigte mir wunderbare Altertümer, deutete mir bedeutungsvolle Hieroglyphen und zog mich und meine Gefühle unbemerkt hinüber zu einer längst vergangenen Zeit, sodass ich mir endlich gleichsam uneingeboren in der mich umgebenden Welt und Gegenwart erschien. Je mehr alles dem Hierophanten floh, desto unwiderstehlicher zog es mich zu ihm hin; und mein wunderbarer Hang wurde unauflösbar, als er mir eines Tages ein Gemälde zeigte, welches ein ägyptisches Weib vorstellte. In diesen Zügen ward mir klar, was ich in dunklen Bildern gesucht und in meiner Kunst ewig schmerzlich vermisst hatte: Der Fluch und die Seligkeit meines Lebens.«

Nie hatte ich eine rätselhaftere Rede vernommen.

»Und lebt jenes Wesen, dessen Bild Ihr mit so großer Bewegung saht?«, fragte ich.

»Es ist jene Mumie, welche Euch den Maskenball verdarb«, rief er heftig. »Sie wird leben durch die Kunst des Hierophanten und mein sein!«

»Ihr seid wahnsinnig!«, zürnte ich, beleidigt durch die Frechheit, mit welcher er mir so unerhörte Dinge als Wahrheit aufdringen wollte.

Er bemerkte meinen Unwillen nicht und fuhr ruhig fort:

»Das Seltsamste ist, dass Amalie, früher fühllos für mein glühendes Verlangen, mir mit einer wunderbaren Liebe zugetan ist, seitdem mein seltsames Verhältnis mich von Wirklichkeit lind Gegenwart abzog.«

Wie stritten uns noch eine geraume Weile und das Ende unserer Behauptungen und Widerlegungen war, dass er mir versprach, mich selbst in die Verknüpfung seines Abenteuers hinein zu ziehen, da er, trotz meines Unglaubens, einen starken Hang zum Übernatürlichen in mir bemerken wollte.

Ich erfreute mich in Folge dieser Umstände des

Umgangs mit Eduard und Amalien, welche mir beide die kleine Täuschung vom Maskenballe her vollkommen vergeben hatten. Es war ein sonderbares Verhältnis, welches zwischen beiden herrschte. Amalie, ein heiteres unbefangenes Wesen, welches in kindlicher Sorglosigkeit nur für den Augenblick lebte, liebte den finstern, verschlossenen Eduard mit der vollsten Hingebung, ihn, der in ängstlichen Träumen begriffen, dennoch Amalien mit aller früheren Glut anhing und so nur für sich selbst abgestorben schien. Aber selbst die Liebe zu ihr konnte ihn nicht an die Wirklichkeit fesseln, vielmehr schien er selbst Amalien in seine Traumwelt hinüberziehen zu wollen. Dem Hierophanten hing er an, wie der Wahnsinnige einem Fiebergedanken oder wie ein Kind der Erzählung vom Kobold mit gierigem Schauder zuhört.

V

In Gedanken und Entwürfen vertiefe, Eduard von seiner törichten Verbindung mit dem gespenstischen Hierophanten abzubringen, ward ich eines Tages plötzlich zu dem Präsidenten beschieden, welcher es noch immer nicht verschmerzen konnte, auf dem Maskenballe von einer Mumie betrogen worden zu sein, der er doch mit allem Rechte noch etwas weniger Gehirn zutrauen durfte, als sich selbst.

Er kam mir mit dicken Amtsfalten entgegen, welche umso tiefer waren, je mehr sein innerer Kopf leeren Raum dazu hergab und bestrebte sich mit teilweise glücklichem Erfolge, seine kargen Gedanken aus dem Weingeiste, der ihn erfüllte, herauszufischen. Seine Mitteilung war für ihre Kürze bei Weitem zu lang.

Der Verfall mit dem Hierophanten war nämlich weit und breit ruchbar geworden und umso fester hatte der Präsident beschlossen, demselben auf den Zahn zu fühlen. Ich musste demnach versprechen, dem Hierophanten – da bereits schon der Maskenball teilweise mein Verhältnis zu demselben entdeckt hatte, – aus allen Kräften nachzuspüren und von jeder Entdeckung schleunigen Bericht abzustatten. Ich erzählte den Vorfall vom Kirchhofe her, worüber der Präsident höchstlich[1] erstaunte, da – wie er meinte – ein Vampir von echtem Schrot und Korn eigentlich nie zu Staub werden könne, vielmehr durch das in ihm stets flüssige Blut seine Glieder zusammenhalte.

Hierauf ward ich in Gnaden entlassen.

Mein Verhältnis zu Eduard dauerte fort; doch bemerkte ich, dass derselbe sich seit einiger Zeit verschlossener, geheimnisvoller zeigte, auch alle Abende zu einer gewissen Stunde seine Wohnung verließ, ohne eine Begleitung anzunehmen. Dies reichte hin, einen Verdacht und zugleich auch einen gewagten Entschluss in mir zu erregen, welcher letztere bald zur Ausführung gedieh.

---

[1] Im Original: höchlich

Es war ein stürmischer Abend, als ich, nach meiner Gewohnheit, in Eduards Zimmer trat. Er hatte eifrig geschrieben, Papiere lagen in wilder Unordnung durcheinander; eben kleidete er sich an, um auszugehen.

Nach einigen unbedeutenden Worten trat er an den Tisch und reichte mir ein Papier hin.

»Lest«, sagte er, »es ist noch eine Kleinigkeit von früheren Jahren her.«

Ich sah die Überschrift: »Der Bund der Nacht.«

»Das klingt ja fast demagogisch«, bemerkte ich und las das Gedicht:

So löset aus der Zeit verborg'nen Fluten
Der Tropfe Schaum des flücht'gen Jetzt sich los;
Gebärend, tötend reißt sie die Minuten,
Als Ungeburten, aus dem eignen Schoß.
Im wesenlosen Schein flammt auf den Wogen
Die Gegenwart als Pharus[1] vor uns auf:
So steuern wir, vom falschen Glanz betrogen,
Nach diesem Irrlicht hin im irren Lauf.

Magst du mir denn den Raub der Zeit vergüten,
Erinn'rung, die ich mir zum Stern erwählt,
Die meines Lebens längst verwelkte Blüten
Noch einmal mild und liebend überzählt.
Das Bild der Toten zuckt in heil'ger Trauer

[1] Ein in der Antike berühmter Leuchtturm bei Alexandria in Ägypten, der auf der gleichnamigen kleinen Insel errichtet worden ist.

Herauf, als ungewisser Dämmerschein,
Und grauen Mieternächte Nebelschauer
Webt dumpf sich meinen düster'n Klängen ein.

Doch darf mein Geist die bleichen Züge lesen;
Ich kenn euch Bilder, die ihr mich umschwirrt;
Mit euch bin ich einst stolz und groß gewesen –
Ich habe selig einst mit Euch geirrt.
Der Freund erkennt euch, längst Gestorb'ne wieder,
Wie ihr ihm ernst und wehmutsvoll erscheint:
Die Liebe lallte euch die ersten Lieder –
Es hat die Freundschaft treu euch nachgeweint! –

Des Lebens freie Regungen ersticken,
Ans Grab zieht mich geheimnisvolle Lust;
Ihr lächelt mir mit längst erlosch'nen Blicken –
Und herzt mich mit der kalten Totenbrust;
So tret ich kühn in Eure Schattenreihe;
Umnebelt mich in träumerischer Ruh!
Ich trinke Euch den Gruß der Bundesweihe
Aus Lethes[1] stummen Tränenfluten zu!

Das Land des Lichtes liegt vor mir entriegelt,
Hier wird die langgetäuschte Ahnung wahr;
Nur in des Todes Mitternächten spiegelt
Des Lebens formenloses Bild sich klar.

---

[1] Ein Fluss der Unterwelt, aus dem die Seelen der Verstorbenen trinken mussten, damit sie alles auf der Erde erfahrene Leid und Ungemach vergaßen, um dadurch erst geweiht in die elysischen Gefilde eintreten zu können.

Den Weihespruch tönt aus den Sternpalästen
Die Nacht, die blinde Seherin, herauf;
Sinkt einst mein Licht als Abendstern im Westen,
Geht es als Morgenstern im Osten auf.

»Ein seltsames Machwerk«, sagte ich nach Lesung des Gedichtes. »Warum jenes Hinneigen zum Wesenlosen oder längst Vergangenem, da unsere Sehnsucht nur der Zukunft angehören soll?«

»Nennt's wie Ihr wollt!«, sprach Eduard mürrisch. »Bin ich mir selbst ein Rätsel, so hause ich auch am liebsten mit Rätseln und Schatten. Bietet mir die Welt keinen Platz für meine Wünsche, so baue ich meine Lustschlösser in das geräumige Vakuum der Geisterwelt und Vergangenheit. – Ihr verzeiht, dass ich gehe.«

Er ging und beschützt von der Dunkelheit schlich ich ihm leise durch mehrere Gassen nach. Jetzt nahte er vorsichtig einer entlegenen Gartentüre, öffnete sie vermittelst eines Schlüssels, den er bei sich führte, und verschloss sie wieder, sobald er eingetreten war.

Hier war kein langes Besinnen möglich; Behändigkeit hatte mir die Natur verliehen, ein Sprung und ich war über die ziemlich hohe Gartenmauer. Leise und lauschend tappte ich in tiefer Dunkelheit durch die vielverschlungenen Gänge und Hecken; keine lebendige Seele ließ sich wahrnehmen, nur einige Vögel flatterten; von meinen Schritten geweckt, schläfrig auf. Da schimmerte mir ziemlich nahe ein Licht entgegen. Ich schlich darauf zu, untersuchte mit dem Dolchstocke, welchen ich fest in der Hand hielt, den Boden und stand plötzlich vor einer offenen Türe. Noch einmal blieb ich hier einen Augenblick unschlüssig stehen, dann schritt ich beherzt vorwärts; aber kaum hatte ich die steinerne Schwelle betreten, als dieselbe nachgab und, wiewohl mit einer unglaublichen Schnelligkeit, geräuschlos tief mit mir hinabsank.

Bald hatte ich mich vom ersten Schrecken erholt und fühlte wieder festen Boden unter meinen Füßen; aber die schwarze Finsternis, welche mich umgab, ließ mich gänzlich unwissend, wo ich mich befand, bis sich plötzlich – wie es schien, in dem benachbarten Zimmer – ein leises, ängstliches Ächzen vernehmen ließ. Ich griff um mich und bemerkte, dass ich nur durch eine Tapete von dem Zimmer geschieden war, aus welchem das Stöhnen kam. Schnell bohrte ich eine kleine Öffnung in die Tapetenwand und blickte mit lauschender, gespannter Angst hindurch.

Der Hierophant stand, den Kopf in beide Hände gestützt, an einem antiken Tischchen, während der gelbe Schimmer einer vor ihm stehenden Lampe seinem bleichen, spitzen Gesicht einen seltsamen, unheimlichen Ausdruck gab. Die Mumie saß aufgerichtet in ihrem Kasten und blickte mit den matten, farbenlosen Augen, wie in dumpfsinniger Schläfrigkeit, vor sich bin.

»Wach auf, Lilith[1] wach auf!«, rief endlich der Hierophant.

Die Mumie schrak bei dem Rufe auf, und über die erloschenen Züge zuckte der Ausdruck einer tödlichen Angst.

»Wach auf zu deiner Marter!«, wiederholte der Hierophant. »Ha! Dass ich dich foltern könnte, verfluchter Trümmer grauer Vergangenheit, foltern, wie ich einst unter deinem Dolche langsam verröchelte, um im Tode von Ruhe und Verwesung unangesteckt zu bleiben. Hundert Mal hat mein Jammer, seit ich unter deinen Händen starb, meine Glieder zu Tische aufgelöst; aber dein Fluch löste Fäulnis und Vernichtung von ihrer langweiligen Totenwache ab und rief meinen Leichnam zurück in ein Leben, in eine Qual – o! – Aber mit deiner eingeschrumpften Leiche, verfluchte Mumie, will ich das blühende Leben angeln; auch dir werde nimmer Ruhe und dein gespenstisches Dasein sei nur ein starrsüchtiges Wachen in Fieberqualen!«

Bei diesen Worten erhob sich das vorige angstvolle Stöhnen, welches von der Mumie ausging und mein innerstes Leben erschreckte. Zugleich vernahm ich auch über mir schallende Fußtritte. Der Klang kam näher und näher, und plötzlich hörte ich deutlich die Schwelle heruntersurren, welche auch mich hierhergebracht hatte. Hart an die Wand drückte ich mich;

[1] Die erste Frau Adams; galt später als eine Dämonin, welche Kinder tötet.

in der Finsternis schritt jemand an mir vorüber[1], und bei dem Lichtstrahl, welcher aus dem andern Zimmer ihm beim Eintreten entgegenschien, konnte ich deutlich Eduard in ihm erkennen. Die Türe Schloss sich wieder hinter ihm und ich nahm von Neuem meinen Platz vor der Öffnung ein.

Der Hierophant betrachtete Eduard mit einem hämischen, grimmigen Blicke; die Mumie aber lag ausgestreckt in ihrem Kasten.

»Ist sie erwacht, Meister?«, fragte Eduard halblaut den Hierophanten.

»Sie wird erwachen«, erwiderte dieser, »wenn der Bund geschlossen ist. Wenn ich diese blonde Locke von deinem Haupte trenne, weih' ich dich ihr zur unzertrennlichen Verbindung, und Totes und Lebendes ist eins!«

Er griff nach einem scharfen blitzenden Instrument, um die Locke von Eduards Haupte zu schneiden. Aber in diesem Augenblicke riss ich die Türe auf und stürzte, den Dolch aus meinem Stocke ziehend, auf den Hierophanten los. Dieser wich zurück; zugleich schien auch Eduard einen schnellen, gewaltsamen Entschluss zu fassen, denn er warf mit einem Schlage den bewegungslosen Hierophanten, welcher schwerfällig, wie ein Leichnam, fiel, zu Boden, riss ihm das scharfe Instrument aus der Hand und stieß es mit den Worten »Sieh, Unhold, dein teuflisches Fratzen-

[1] Im Original: … jemand mir vorüber …

spiel!«, der Mumie in die Brust. Diese fuhr bei dem Stoße belebt in die Höhe und, ganz wie mit Amaliens Stimme, rief sie: »Du tötest mich, Eduard!« – Dann sank sie leblos zurück und aus ihrem längst vertrockneten Leichnam rann zu meinem Erstaunen ein Strom frischen Blutes.

Bei dem Ausruf der Mumie, welcher unverkennbar Amaliens Stimme war, bebte Eduard erschrocken zurück. Ich fasste ihn unter dem Arme und zog ihn mit mir fort; auf einen Druck seiner Hand senkte sich die Schwelle herab und brachte uns sodann wohlbehalten hinauf.

Wir erreichten Amaliens Haus und traten ein; erschrockene Gesichter kamen uns entgegen. Eduard rannte in heißer Angst nach dem Zimmer und ich folgte ihm mit fürchtender Erwartung. – Ausgestreckt über ein Sofa lag Amalie hier, mit einer tiefen Wunde in der Brust, doch hatte das Leben sie noch nicht ganz verlassen. Eduard schloss sie zitternd in die Arme; krampfhaft öffnete sie den Mund: »Du tötest mich, Eduard!«, stammelte sie und verschied bald darauf in seinen Armen.

Die Sache wurde ruchbar; aber umsonst suchte man den Hierophanten und das tödliche Werkzeug seiner Rache – die Mumie.

Bei Aussuchung[1] des Hauses, welches derselbe eingenommen hatte, fand man alle Zimmer öde und

---

[1] Alte Form für: Durchsuchung

leer, als wären sie schon seit Jahren unbewohnt geblieben.

Eduard soll, dem Vernehmen nach, in jenem Lande geblieben sein, wo wir unter Trümmern hoffnungsvoll den neuverjüngten Baum der Freiheit entsprossen zu sehen glaubten, bis die Tyrannei siegte.

Nachwort des Herausgebers

Werte Leserin, werter Leser, was mag wohl der Grund gewesen sein, weshalb sie nach dem hier vorliegenden Büchlein gegriffen haben? War es der Titel, *Der Vampir und die Mumie*, oder war es der Name des Autors, Hermann Meynert? Ich denke, ich liege nicht sehr falsch, wenn ich annehme, dass es bei den meisten der zugegebenermaßen reißerische Titel war. Vampir und Mumie, zwei beliebte Monster der Unterhaltungsliteratur und des Filmes, versprechen ja auch eine Handlung, die zumindest interessant sein könnte. Ob sie dieses Versprechen dann auch einhalten kann, dass muss dann wohl jeder Leser für sich ganz individuell entscheiden.

Während der Vampir, unter diesem Namen, seinen Einzug in die belletristische Literatur bereits im 18. Jahrhundert hielt und seitdem in unzähligen Varianten auf Blutjagd ging, brauchte die Mumie etwas länger. Es war aber, nach der erwachenden Begeisterung in Europa für das alte Ägypten, welche nach dem Ägyptenfeldzug Napoleons von 1798 bis 1801 einsetzte, wohl auch nur eine Frage der Zeit, bis das Thema auch in der fantastischen Literatur Einzug hielt. So erschien 1827 im Verlag von Henry Colburn in London – damals noch anonym, später unter den

Namen Jane Webb und noch später unter Jane C. Loudon – der dreibändige Roman *The Mummy!: Or a Tale of the Twenty-Second Century*, der als das derzeit frühste bekannte Werk gilt, in dem eine Mumie wieder zum Leben erweckt wird. Allerdings handelt es sich um keine Horrorgeschichte, sondern um ein Werk, das man heute als Science-Fiction bezeichnen würde und ein Bild eines zukünftigen englischen Königreiches zeichnet.

Was nun die Wandlung wiedererwachter Mumien zu einem Monster betrifft, so dürfte die vorliegende Erzählung, vom Autor selbst als Fantasiestück bezeichnet, eine der frühsten Erzählungen überhaupt sein, die diese Idee aufgriff und zugleich auch noch mit dem recht populären Vampir-Mythos verband.

Der Autor derselben, Hermann Günther Meynert, dürfte heute nur noch den wenigsten Lesern bekannt sein. Und selbst wenn man nur einen schnellen Blick in die Wikipedia[1] wirft, wird man wohl erst einmal kaum glauben, dass es sich bei dem dort genannten Autor tatsächlich um den gleichen handeln könnte, der diese Novelle hier geschrieben hat. Denn auch wenn er dort als Schriftsteller genannt wird, wird das Hauptaugenmerk des kurzen Artikels eher auf sein Schaffen als Geschichtsschreiber und Biografen gelegt, und mit der aufgeführten Werkliste noch unterstrichen. Zwar wird am Ende kurz erwähnt, dass er

[1] Siehe: https://de.wikipedia.org/wiki/Hermann_Meynert (Stand: 25. Dezember 2020).

auch belletristisch arbeitete und einige Novellensammlungen und einen Dichteralmanach herausgab, worauf aber im Folgenden dann nicht tiefgreifender eingegangen wird. Erst der dann in der Liste der verwendeten Literatur verlinkte Artikel im *Biographischen Lexikon des Kaiserthums Oesterreich*[1], verschafft dem interessierten Leser ein genaueres Bild des Autors, der 1808 in Dresden das Licht der Welt erblickte. Er wuchs in einer intellektuellen Umgebung auf und interessierte sich schon früh für Dichtungen. So begann er, sich während seiner Studienzeit besonders auf italienische Literatur zu spezialisieren und übertrug einen Teil des Höllenabschnitts von Dantes *Göttlicher Komödie* ins Deutsche. Davon offenbar beflügelt, wandte er sich auch eigenen Dichtungen zu, von denen er einige ab 1927 in der von Ferdinand Philippi in Dresden herausgegebenen Zeitschrift *Merkur* unterbringen konnte. Nachdem seine Gedichte anscheinend eine gute Aufnahme fanden, versuchte er sich nun auch an Novellen und sogenannten Fantasiestücken, also Geschichten im Stil von E. T. A. Hoffmann, die man heute zumeist der fantastischen und / oder Schauerliteratur zuordnen würde. Bald erfolgten auch Veröffentlichungen in anderen Zeitungen und Zeitschriften.

Im Jahr 1830 führte ihn sein Weg zum ersten Mal

[1] Constantin von Wurzbach: *Meynert, Hermann Günther*. In: *Biographisches Lexikon des Kaiserthums Oesterreich*. 18. Theil. Kaiserlich-königliche Hof- und Staatsdruckerei, Wien 1868, S. 187 ff. Auf diesen Beitrag fußt auch ein Großteil der biografischen Angaben im vorliegenden Nachwort.

nach Wien. Es war eine Liebe auf den ersten Blick, die ihn nie mehr loslassen sollte. In der Nachlese dieser Reise verfasste er den 1832 erschienenen Roman *Herbstblüthen* aus Wien, der offenbar sehr erfolgreich war, sodass bereits im Folgejahr mit der Novellensammlung *Corallenzweige, Erzählungen, Novellen und Phantasiestücke*, ein erster Sammelband seiner frühen Erzählungen erschien, in dem auch die hier neu verlegte Geschichte abgedruckt war. Parallel dazu veröffentlichte er in diversen Periodika weitere belletristische Texte und andere Artikel, die sich oft um seine Heimatstadt drehten, der er sehr zugeneigt war, deren Bewohner ihm aber auch manchmal als etwas steif und zu rückständig erschienen. So beklagte er beispielsweise auch den nach seiner Meinung vorherrschenden literarischen Cliquengeist, was ihm nicht gerade zum Vorteil gereichte. Besonders sein polemischer Text *Charaktergemälde von Dresden, grau in grau*, den er unter dem Pseudonym Janus veröffentlichte, nahm man ihm übel. Er wurde viel gelesen, heiß diskutiert und teilweise verrissen. Schließlich landete er auf der Liste verbotener Literatur. Dies führte dazu, dass sich Meynert mit weiteren belletristischen Werken zurückhielt.

Er heiratete die Wiener Sängerin Marie Emmering und beschloss, abseits seines bisherigen literarischen Wirkens, ein Werk zum österreichischen Monarchen Franz I. zu verfassen, *Franz I., Kaiser von Oesterreich und sein Zeitalter*, welches 1834 erschien und bereits im Folgejahr in einer erweiterten Fassung erneut veröffentlicht wurde. Gleichzeitig arbeitete er an einer populärwissenschaftlichen Schilderung der Geschichte Sachsens, die 1835 unter dem Titel *Geschichte des sächsischen Volkes von den ältesten bis auf die neuesten Zeiten* veröffentlicht wurde und ein großer Erfolg wurde. Meynert beschloss, dem neuen Genre treu zu bleiben und veröffentlichte im Jahr 1836 dann Anton, König von Sachsen, sein Leben und sein Sterben und arbeitete gleichzeitig an der Sächsischen Nationalencyklopädie, deren Erster Band 1837 erschien. Allerdings kam er dabei selbst nur bis zum Buchstaben D, da er das Angebot bekam, als Herausgeber der Wiener Theater-Zeitung zu arbeiten, sodass er im Oktober 1836 nach Wien übersiedelte. Hier schrieb er nun viel beachtete Rezensionen zu den Aufführungen des Hofburg-Theaters und begann, ab 1837, auch wieder kleine Erzählungen und Novellen zu schreiben, die ebenfalls in der von ihm betreuten Zeitung erschienen. Nach einem kurzen Intermezzo von etwa einem Jahr, das ihn im Sommer 1840 zurück nach Dresden führte, kehrte er erneut nach Wien zurück und nahm dort seine unterbrochene Tätigkeit bei der *Wiener Theater-Zeitung* wieder auf. Von nun an war Österreich seine Heimat, und er fühlte sich wohl mehr als Österreicher denn als Sachse und richtete danach auch einen Großteil seines künftigen Schaffens aus. Spätestens mit seinem zwischen 1843 und 1847 erschienenen sechsbändigen Werk *Geschichte Oester-*

reichs, seiner Völker und Länder und der Entwickelung seines Staatenvereines galt er als Verfasser von Geschichtswerken, die sein belletristisches Schaffen vollkommen überstrahlen, sodass dieses weitgehend in Vergessenheit geriet. Nicht weniger erfolgreich war dann sein zwischen 1852 und 1854 erschienenes vierbändiges Werk *Geschichte der k. k. österreichischen Armee, ihrer Heranbildung und Organisation, von der frühesten bis auf die jetzige Zeit.* Es folgten zahlreiche Artikel zu austrophilen Themen, darunter auch Biografien, wie beispielsweise die zu Kaiser Joseph II.

Doch das alles ist fern von dem, was er an unterhaltender Literatur zu Papier gebracht hat und für die die hier neu aufgelegte Erzählung ein typisches Beispiel darstellt.

Sieht man von dem bereits erwähnten Fakt ab, dass es sich wohl um eine der frühsten Erzählungen handeln dürfte, in denen eine Horror-Mumie auftaucht, ist sie aber auch noch auf andere Weise interessant. Der Autor deutet nämlich bereits im 1. Kapitel an, dass es sich bei dem in der Erzählung mehrfach auftretenden Antagonisten Lord Staunton um niemand geringeren als Lord Ruthven handelt, also den charismatischen Gentleman-Vampir aus John William Polidoris berühmter Erzählung *The Vampyre: A Tale.* Damit könnte man Meynerts Erzählung als eine mögliche Fortsetzung des Originals betrachten; doch der Autor macht es dem Leser dann doch nicht ganz so leicht und überlässt es weitgehend dessen Fantasie, ob Lord Staunton nun tatsächlich ein Vampir, vielleicht sogar Lord Ruthven, oder irgendein anderes nicht fassbares Wesen ist, das sein Unwesen treibt.

Neben der Kenntnis von Polidoris Novelle dürfte sich Meynert mit seiner Erzählung vor allem an dem zu jener Zeit auch international so ungemein populären E. T. A. Hoffmann orientiert haben, den er folgerichtig auch gleich am Anfang seiner Erzählung namentlich nennt. Offenbar las er aber auch die Werke der anderen an dieser Stelle genannten Autoren, die sich wiederum oft ebenfalls direkt an Hoffman orientiert haben, oder dessen Werk zumindest gut kannten. Das Ergebnis ist eine klassische Horrorgeschichte, die 1833 schon in der weiter oben erwähnten Novellensammlung *Corallenzweige* abgedruckt war. Dieser Band enthält eine bunte Mischung von Erzählungen der verschiedensten Genres; darunter auch Legenden, Abenteuer- und Räubergeschichten, sowie mit der Novelle *Meister Paganini, oder der Dämon der Musik* auch ein weiteres sogenanntes Fantasiestück, das sich ebenfalls der Horrorliteratur zurechnen lässt.

Ich hoffe, dass der an klassischen Schauergeschichten interessierte Leser mit der Neuausgabe der vorliegenden Erzählung einen Autor entdecken kann, bei dem es sich durchaus lohnt, ihn der Vergessenheit zu entreißen und so auch dem zeitgenössischen Publikum zugänglich zu machen.

Im gleichen Verlag in der Buchreihe

Kleine Dornbrunnen Bibliothek

sind erschienen oder in Vorbereitung:

In der Reihe Kleine Dornbrunnen Bibliothek erscheinen Werke der klassischen Unterhaltungsliteratur, die seit vielen Jahrzehnten nicht mehr oder noch niemals in deutscher Sprache verlegt worden sind.

1. *Jules Verne*
Pierre-Jean
Eine Erzählung

2. *Alexandre Dumas*
Der Pfarrer Chambard
Eine Kriminalgeschichte

3. *Hippolyt Tauschinsky*
Neues vom Doktor Ox
Drei elektrische Geschichten

4. *Emilio Salgari*
Die Wilden von Papua
Zwei Seemannserzählungen

5. *Sir John Retcliffe* (H. Goedsche)
Maria, der Ägypterin Liebes- und Bussfahrten
Eine Novelle und zwei Gedichte

6. *Karl May*
Nach Sibirien
Eine Kriminalgeschichte

7. *Edgar Wallace*
Auf der Strasse nach Witney
Zwei weihnachtliche Kriminalgeschichten

8. *Paul Grabein*
Der Vampir
Eine Erinnerung

9. *Alexandre Dumas* (Sohn)
Der Gehenkte von la Piroche
Eine sonderbare Geschichte

10. *Hermann Meynert*
Der Vampir und die Mumie
Eine Erinnerung

– Weitere Bände in Vorbereitung –